AF554379

UN ÉPISODE

DE L'HISTOIRE DE LA VILLE

DE TOULOUSE.

UN ÉPISODE

DE L'HISTOIRE

DE LA VILLE DE TOULOUSE,

ACCOMPAGNÉ DE PIÈCES JUSTIFICATIVES.

—

TROUBLES DE JUILLET 1841.

—

PAR PERRIN-PAVIOT.

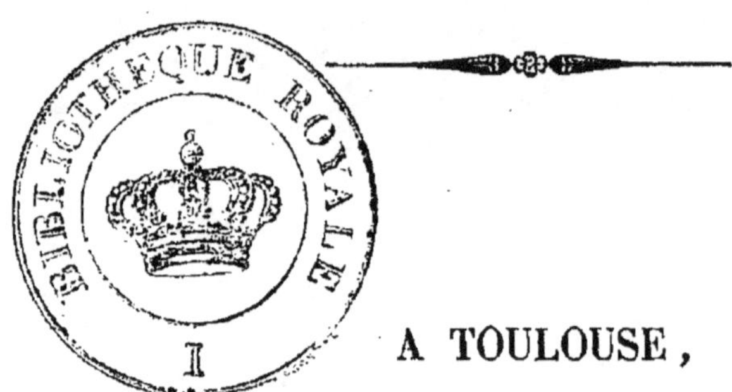

A TOULOUSE,

Chez CHARPENTIER, H. LEBON, DELBOY
et les principaux Libraires.

Septembre 1841.

Nous ne pouvions écrire le récit des Troubles de Toulouse sans y mêler des noms propres ; mais nous protestons contre toutes interprétations qui pourraient faire croire que nous avons eu l'intention d'attaquer les hommes et les actes ; ces derniers seuls nous ont occupés, et nous aimons à déclarer que, dans notre conviction la plus profonde, les calamités qui ont affligé la ville ont été le résultat d'intentions qu'il ne peut venir à l'esprit de personne d'incriminer.

Depuis 1830, Toulouse a joui d'une tranquillité parfaite ; le contre-coup des journées de juillet s'y fit à peine sentir, et la guerre civile d'Espagne commença et finit sans que l'ordre public du chef-lieu de la Haute-Garonne reçût la moindre atteinte. Jalouse, plus qu'aucune autre ville de France, de ses franchises municipales, Toulouse suivait avec intérêt les discussions du conseil de ses délégués et entourait de ses plus vives sympathies l'administration dirigée par M. Perpessac. Les difficultés qui avaient présidé à la formation de cette municipalité, la popularité dont jouissaient à bon droit tous ses membres, avaient déjà plusieurs fois entraîné le maire et ses adjoints à offrir leur démission ou à faire admettre leur opinion comme souveraine par le pouvoir central. Soit faiblesse de la part de M. Floret, soit embarras de position, il cédait habituellement aux exigences du pouvoir municipal. Toutes les fois qu'une nouvelle concession était faite par le gouvernement aux officiers de la ville de Toulouse, leur popularité acquérait sur l'esprit de leurs administrés un degré de plus de force et de conviction.

L'amour de la population Toulousaine et la confiance qu'elle avait dans les lumières et dans le dévouement des membres de sa municipalité, lui faisaient admettre, souvent sans examen, les actes les plus graves comme les moins importans; ainsi le recensement prescrit par M. Humann se commença et se continua pendant près d'un mois et demi au milieu de la population la plus calme et la plus indifférente qu'il y eût au monde (*). L'opposition que la mesure ordon-

(*) Le recensement se fesait dans la rue des Filatiers ; à l'instant une foule de personnes se portent dans la rue Pharaon en criant : *Fermez ! fermez !* et chacun se préparait dans cette dernière rue au facile courage de refuser l'entrée de sa

née par le ministre des finances rencontrait dans la municipalité de Toulouse, ne fut généralement connue qu'après la révocation de M. Floret.

C'est de ce moment seulement, 3 juillet 1841, que les troubles qui ont affligé la première ville scientifique du Midi, ont commencé à fermenter dans l'esprit de sa population.

C'est donc du 3 juillet aussi que doit commencer notre récit.

Toulouse possède dans son histoire deux pages sanglantes dont les taches, comme un péché originel, sont encore empreintes au front de sa population. Le 10 février 1589 et le 15 août 1815, les rues de la ville furent témoin du massacre de Duranti et de Ramel; un premier président de parlement et un officier-général périrent victimes de la haine de la populace; l'un pour avoir voulu rester fidèle au serment qu'il

maison, lorsqu'une personne arrive qui, après s'être informée de la cause de ce mouvement, fait observer que l'opération a déjà eu lieu dans ce quartier. En effet, le recensement y avait été fait il y a deux mois, sous l'administration de M. Floret, par M. Cantaloube. Tous les habitans ont alors rouvert leurs portes, un peu étonnés de leurs méprises.

(Journal de Toulouse, 21 *août* 1841.)

avait prêté au dernier des Valois ; l'autre, sans avoir à se reprocher aucun acte qui pût servir de prétexte à sa mort violente.

Peu s'en est fallu que la journée du 15 juillet ne vît se renouveler ces crimes qui pèsent d'un poids si accablant dans les fastes de la ville de Toulouse.

Le samedi 3 juillet, l'autorité municipale apprit que M. Floret, préfet du département de la Haute-Garonne, était révoqué de ses fonctions, et que M. Mahul, son successeur, était attendu à tout instant. M. Perpessac et ses adjoints, en voyant M. Floret victime de la condescendance qu'il avait eue pour leur opinion, remirent aussitôt leur démission et résistèrent à toutes les instances que fit auprès d'eux le magistrat destitué afin de les voir conserver leurs fonctions.

Dans la soirée du même jour, M. Mahul arriva à Toulouse et prit immédiatement les rênes de l'administration.

Le dimanche 4, on apprit en même temps l'opposition que le conseil municipal faisait au mode de recensement ordonné par M. Humann, la révocation de M. Floret, la démission des membres de la mairie et enfin l'arrivée de M. Mahul.

Toutes ces nouvelles, auxquelles personne ne s'attendait, jettèrent dans les esprits une inquiétude difficile à décrire. La presse s'en empara, et la question de la légalité du recensement pénétra dans les classes les plus infimes de la société. Au milieu de l'irritation qui partout se manifestait vive et intense, l'annonce d'un charivari à donner à M. Mahul fut reçue avec toute l'exaltation qui ne se fait que trop souvent remarquer dans les imaginations méridionales.

A dater de ce jour, la lutte fut engagée entre la mairie de Toulouse, refusant son concours aux employés du fisc pour continuer le recensement, et M. Mahul, préfet du gouvernement central, voulant faire exécuter les lois et les ordonnances du royaume.

Le lundi soir quelques individus se réunirent devant la Préfecture, afin d'accomplir la menace de charivari qui avait été faite la veille; mais une pluie battante vint en aide à l'ordre et à la tranquillité publique et dispersa bientôt les instrumentistes et la foule qui les avait accompagnés.

Pendant ce temps, le conseil municipal étant assemblé apprennait, par l'organe de M. Perpessac, la détermination prise par la mairie de se retirer, vu l'incompatibilité de ses opinions avec la mission de M. Mahul. Quelques voix s'élevèrent au sein du conseil pour engager les officiers municipaux à changer leur décision et à ne pas abandonner leurs fonctions dans les circonstances difficiles où la ville marchait à grands pas (*). Malheureusement, la voix de la prudence et de la réflexion fut méconnue, et de graves désordres ne devinrent alors que trop probables.

Emu par l'importance des circonstances et par les rapports qui lui arrivaient de toutes parts et qui lui représentaient l'exaltation de la population augmentant à chaque instant, le préfet de la Haute-Garonne écrivit au maire de Toulouse, afin de le prévenir qu'il le rendait responsable des sérieux et importans événemens dont l'approche ne se faisait que trop pressentir.

Au lieu d'obtempérer à l'avis de M. Mahul, au lieu de fouler aux pieds tout ressentiment, au lieu de n'écouter que la voix de l'ordre, de la tranquillité et du règne des lois, ce qui est et sera toujours le véritable patriotisme, la municipalité de Toulouse céda à un mouvement d'humeur spontané et déposa aussitôt ses écharpes sur le bureau du conseil municipal (**). Faute grave; car elle entraîne une grande part dans la responsabilité des désordres qui sont survenus ou du moins qui ont pris, à la suite de la démission de

(*) V. pièces justificatives n° 1.

(**) V. pièces justificatives n° 2.

M. Perpessac et de ses adjoints, un caractère que tous les efforts des partis n'auraient pu leur faire obtenir.

La matinée du mardi promit tout ce que la soirée devait tenir. On apprit de bonne heure, par une proclamation de M. Arzac, que les officiers municipaux de la ville de Toulouse avaient abandonné leurs fonctions et qu'elles étaient provisoirement échues aux trois premiers conseillers inscrits sur le tableau. Cette proclamation, en annonçant le soin que les nouvelles autorités voulaient prendre des *droits et des intérêts* de leurs concitoyens, contribua beaucoup à effrayer le public sur les intentions du gouvernement (*).

La nouvelle de la retraite de M. Perpessac prêta donc considérablement au développement de l'irritation publique, d'un côté, et au découragement des amis du pouvoir central, de l'autre. Tout le monde connaissait les bonnes intentions du maire par intérim; mais toute la ville savait aussi son peu d'aptitude à occuper les fonctions auxquelles son rang de conseiller municipal venait de l'appeler. Dans les circonstances pénibles où la ville se trouvait, dans un moment où l'expérience et la fermeté d'un habile administrateur seules

(*) V. pièces justificatives n° 3.

pouvaient conjurer l'orage qui s'amoncelait sur Toulouse, la présence de M. Arzac sur le fauteuil de la mairie était un déplorable pronostic. L'avenir a du reste assez prouvé qu'il ne saurait et qu'il ne pourrait rien empêcher.

Les instrumentistes du charivari de la veille se retrouvèrent en nombre sur la place Saint-Etienne dans la soirée de ce jour ; mais l'autorité militaire, prévenue des atteintes qui devaient être portées à l'ordre public, avait pris des mesures de précaution devant l'hôtel de la Préfecture. Sur les neuf heures, on donna l'ordre aux tirailleurs de Vincennes de rendre libres les abords de la place et de refouler les spectateurs dans les rues adjacentes. Quelques collisions particulières eurent lieu entre des jeunes gens et des soldats ; des pierres furent lancées par les uns et quelques légères blessures furent faites par les autres. La foule, en se retirant, brisa tous les reverbères des rues Boulbonne, Saint-Etienne, Riguepels, etc., etc.

L'éloignement que la population commençait à éprouver pour l'armée qui, fidèle et brave comme toujours, restait impassible à toutes les séductions, prit dans la soirée du 6 un caractère d'aigreur et d'animosité qui ne fit que s'augmenter jusqu'au moment de l'explosion.

Dans le courant de cette même journée, un avis avait été publié afin d'engager les gardes nationaux de se rendre à six heures du soir sur la place des Carmes pour accompagner les restes de M. le général Cassagne, membre du conseil municipal et ancien commandant de la garde civique de Toulouse, frappé la veille après une courte maladie. Cette démonstration toute pacifique et inspirée par la vénération, par l'estime et par la noble loyauté du caractère du général, rencontra chez M. Mahul une résistance absolue (*). Le préfet contribua grandement par cet acte à envenimer ses relations avec les membres de la municipalité. A leur retour de l'enterrement, les nombreux assistans qui l'avaient suivi trouvèrent la place Saint-Etienne encombrée d'une foule compacte que des détachemens de tirailleurs maintenaient avec peine.

Dans cette soirée même et la première de leur entrée en fonctions, M. Arzac et ses adjoints purent se convaincre de leur impuissance pour arrêter le char de la ville de Toulouse sur la pente de désordre où il se trouvait engagé. M. le maire par interim fit d'inutiles efforts pour décider les personnes qui se

(*) Voyez pièces justificatives, n° 4.

trouvaient sur la place Saint-Etienne à se retirer et à respecter les lois ; en sa présence, des pierres furent jetées à la troupe ; un commissaire de police fut même atteint à ses côtés. Nous avons déjà dit que les rassemblemens ne se dispersèrent que fort avant dans la soirée.

Les murs de la ville étaient le lendemain de bonne heure couverts d'une proclamation dont l'esprit et les termes devaient entraîner à de sérieuses réflexions sur les événemens qui se passaient et surtout sur ceux qui étaient à redouter.

D'un côté, le maire de Toulouse engageait ses concitoyens à respecter les lois, et de l'autre, les assurait que leurs *droits et leurs intérêts* seraient défendus et conservés par leurs officiers municipaux. Ces expressions, avec le commencement d'effervescence qui ne se faisait que trop sentir, affligèrent les hommes sages et modérés ; qui pourrait assurer qu'elles n'enhardirent pas la malveillance ?

Le mercredi se passa au milieu d'une tranquillité factice; les magasins à moitié fermés dévoilaient une stagnation complète de commerce et d'affaires ; les postes partout sur le *qui vive* redoutaient à chaque instant une agression populaire ; la préfecture, l'hôtel-de-ville, l'hôtel de M. Plougoulm étaient gardés par des forces imposantes ; enfin, la soirée arriva sans qu'aucun désordre grave eût été signalé.

Le 8 et le 9, les insultes à l'armée continuèrent, le bris des reverbères et des carreaux se poursuivit aussi ; M. Mahul adressa une nouvelle proclamation aux habitans de Toulouse ; la municipalité fit aussi entendre sa voix ; mais tout était inutile, nous approchions d'une grande et terrible crise, et pourtant si la municipalité avait eu dans ses actes autant de courage que dans ses paroles, le mal pouvait encore être évité. La proclamation du maire produisit un excellent effet ; il ne fallait trouver que la fermeté nécessaire pour la faire exécuter ; les *malveillans* auraient disparu et tout serait rentré dans l'ordre ; mais la mairie intérimaire était destinée, nous l'avons déjà dit, à ne savoir et à ne pouvoir rien empêcher (*).

Le 9, vers les onze heures, une douzaine d'individus dont le costume annonçait des hommes au-dessous de la classe ouvrière, se réunirent devant l'hôtel de M. Bernasobe, où se trouvait M. Floret, et firent entendre à plusieurs reprises des cris de *vive M. Floret ! — à bas Mahul !* Après s'être livrés pendant vingt mi-

(*) Voyez pièces justificatives, n° 5.

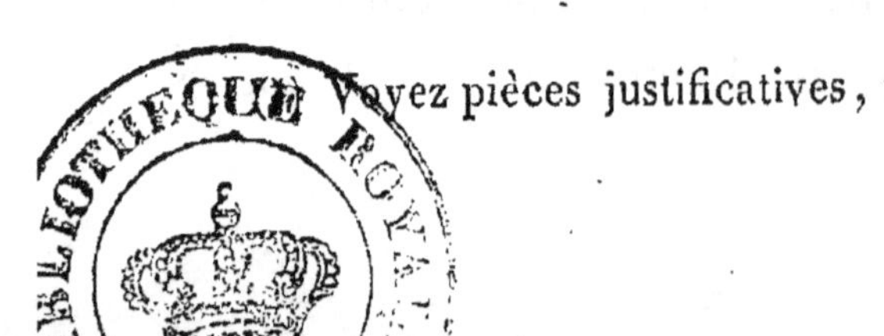

nutés à la glorification du préfet révoqué de la Haute-Garonne, ils se retirèrent et brisèrent les reverbères qu'ils trouvèrent sur leur passage. Le petit nombre d'individus qui formaient cet attroupement, les vêtemens de ses membres, l'heure avancée à laquelle les cris furent proférés, la tranquillité qui régnait dans le quartier avant et après cette expédition, tout nous porte à croire que rien n'était moins indépendant que les individus qui venaient ainsi proférer des cris d'estime et des cris haine au milieu de la nuit.

Le lendemain M. Floret quitta Toulouse.

Le 10 et le 11, l'exaspération contre l'armée ne connut plus de bornes; les huées et les sifflets accueillirent les soldats de Vincennes et les artilleurs partout où ils passaient. Une collision paraissait inévitable, et de grands malheurs planaient sur la ville de Toulouse. Les relations du préfet avec la mairie étaient arrivées à un degré d'aigreur impossible à décrire, et dont les résultats inévitables portaient le chagrin et la désolation dans le cœur des citoyens paisibles et des honnêtes gens.

Soutenue par sa municipalité et aveuglée par la malice et la subtilité des raisonnemens de la presse, la population de Toulouse, population facile à céder à l'entraînement du moment, jalouse de la prépondérance de Paris sur la province, se rappelant volontiers l'époque où, elle aussi, elle marquait parmi les capitales de l'Europe, fière de ses écoles et de la suprématie incontestable qu'elle possède sur les autres villes du Midi, la population de Toulouse, disons-nous, regardait son amour propre comme engagé au retour de M. Perpessac à la mairie, et au départ de M. Mahul de l'hôtel de la préfecture.

C'est donc avec la volonté bien arrêtée de se porter à tous les excès pour obtenir ces résultats extrêmes, que la population de Toulouse se trouvait sur pied au soleil levant de la journée du lundi 12 juillet. L'autorité militaire avait déployé ce jour-là une force plus imposante encore que celles des journées précédentes. La cavalerie de l'artillerie et les tirailleurs de Vincennes se partageaient les divers postes de la ville; partout, les magasins et les boutiques étaient fermés; les rues et les places étaient envahies par une foule chez laquelle l'exaspération ne connaissait plus de bornes. La Préfecture, le Capitole et la maison de M. Plougoulm étaient spécialement les points que les perturbateurs convoitaient avec le plus d'ardeur.

A trois heures, le rassemblement formé devant la préfecture prit un aspect tellement menaçant, que l'officier supérieur qui commandait le poste redouta un moment de ne pas avoir assez de monde pour préserver l'hôtel d'un envahissement : il plaça devant la porte douze hommes des tirailleurs de Vincennes, leur ordonna de maintenir la foule jusqu'à toute extrémité, et fit rentrer le reste du poste dans la cour.

A la vue de la façade de la Préfecture dégarnie et du petit nombre de militaires qui se trouvaient vis-à-vis d'eux, les hommes les plus violens du rassemblement se précipitèrent sur les tirailleurs afin de se saisir de leurs armes. Une lutte corps à corps s'engagea, et pendant qu'un nommé Chavardez s'efforçait d'arracher des mains d'un soldat une carabine qu'il était parvenu à saisir, il fut frappé dans le flanc par un des camarades de celui qu'il cherchait à désarmer.

La mort de Chavardez, qui eut lieu quelques instans après avoir été transporté chez M. Amans, vitrier de la rue du Cheval-Blanc, chez lequel les soins les plus empressés lui furent en vain prodigués, se répandit en ville avec la promptitude de la commotion électrique. Le rassemblement de la Préfecture acquit bientôt un aspect des plus menaçans, et, dans la crainte d'être refoulés comme les soirs précédens dans le faubourg Saint-Etienne, les émeutiers commencèrent la construction d'une formidable barricade à l'entrée de la rue Riguepels.

L'ordre ayant été donné par M. Mahul au commandant des tirailleurs de Vincennes de s'emparer de la barricade et de rétablir la circulation, cet officier fit aussitôt ses préparatifs : il logea quelques hommes dans le clocher de Saint-Etienne, afin de pouvoir maintenir les émeutiers qui déjà se présentaient sur les toits, et destinés en même temps à dominer l'intérieur de la barricade qu'il avait l'intention de faire attaquer de front. Il disposa de la même manière d'autres hommes sur le toit de l'hôtel de France, qui fait face à l'église Saint-Etienne, et allait faire faire les sommations légales par un commissaire de police, quand le lieutenant-général Saint-Michel, accompagné de son état-major, arriva sur la place de la Préfecture.

Désirant sans doute éviter l'effusion de sang qui allait infailliblement avoir lieu, le commandant de la 10me division militaire donna contr'ordre à l'officier des tirailleurs et chercha à calmer l'irritation de la foule armée qui occupait le derrière de la barricade. Pendant qu'il adressait à l'attroupement des paroles de conciliation dont l'insuccès ne pouvait pas être douteux, le général Saint-Michel fut atteint au genou par une pierre lancée de l'intérieur de la barricade. Cette blessure fut assez grave pour l'obliger de garder la chambre pendant quelques jours. Avant de se re-

**

tirer, le général renouvela l'ordre de n'employer la force dans aucun cas. Cette grave détermination de M. de Saint-Michel étonna d'autant plus que, dans aucune circonstance depuis dix ans, l'armée n'a montré nulle part un meilleur esprit, une plus grande prudence, une plus louable fermeté et un dévouement plus entier à la discipline et à nos institutions que dans les derniers troubles de Toulouse.

Pendant toute cette mémorable soirée, l'émeute, victorieuse dans la rue Riguepels et les rues adjacentes, n'étant plus tourmentée dans la construction des barricades, en éleva une vingtaine comme par enchantement et aux cris mille fois répétés : *A bas Mahul! à bas Mahul!*

Sur ces entrefaites et pendant que la stupeur régnait sur le visage des uns, et le délire de la joie la plus immodérée sur les traits des autres, la municipalité de Toulouse, qui se trouvait débordée par une populace effrénée, qu'aucun lien ne retenait et pour laquelle aucune loi n'était sacrée, négociait avec M. Mahul la convocation de la garde nationale. Le préfet de la Haute-Garonne résista d'abord de tout son pouvoir, mais finit par céder.

M. Mahul a commis, à Toulouse, deux fautes graves qui ont amené sa perte. Homme politique et premier dépositaire de l'autorité dans une grande ville, il n'a pas su être conséquent avec lui-même.

Lors de l'enterrement de M. le général Cassagne, le préfet, par une suspicion intempestive, refusa à la garde nationale d'accompagner les restes de son ancien chef jusqu'au champ du repos. Ce refus était de nature à blesser les gardes nationaux; aussi étaient-ils tous prévenus contre les intentions de M. Mahul, qui, le premier, s'était méfié de la loyauté des leurs.

Faire un appel à la garde nationale, six jours après l'avoir mortifiée aussi cruellement qu'elle le fut le 6 juillet, était donc d'une fausse logique et d'une mauvaise politique. Il fallait, le 12, savoir se passer de la garde nationale, ou, bien mieux, il aurait été vivement à désirer que, comprenant mieux les services que peuvent rendre à une grande cité les citoyens armés au nom de l'*ordre public et de la liberté*, le préfet de la Haute-Garonne eût cédé sans arrière-pensée au vif désir qu'ils avaient tous éprouvé de rendre les derniers honneurs à leur ancien colonel.

Nous croyons que les nombreux oublis de ses devoirs, que la garde nationale de Toulouse a commis pendant les jours néfastes dont nous essayons de tracer l'histoire, sont tous inhérens aux circonstances de sa convocation.

En effet, réunie par un préfet qui la redoutait et qui avait tout d'abord témoigné l'éloignement qu'il éprouvait pour elle, elle ne prit les armes que pour protéger ses concitoyens contre les mesures sévères que M. Mahul pourrait employer afin de maintenir son autorité. Elle ne vit dans les émeutiers qui criaient *à bas Mahul!* que des hommes égarés dont au fond du cœur elle partageait les sentimens et les vœux. Soit aveuglement, soit faiblesse, la garde nationale oublia que le plus saint et le plus sacré de ses devoirs devait faire taire chez elle tout ressentiment personnel afin que la loi, cette sauve-garde de la société, sortît victorieuse de la collision où elle se trouvait engagée.

Dans la soirée du 12, la garde nationale se réunit donc et partagea aussitôt après avec l'armée les deux principaux postes de la ville : celui du Capitole et celui de la Préfecture.

Les émeutiers se portèrent vers les dix heures à la prison du Sénéchal et demandèrent à grands cris la liberté des individus incarcérés depuis le commencement des troubles. Les portes de la prison à moitié brisées allaient céder aux efforts réunis de la populace, quand M. le maire par intérim, accompagné par un grand nombre de gardes nationaux, accourut et arrêta un moment la colère des assaillans; mais les exhortations pacifiques de M. Arzac n'obtinrent aucun succès, les cris et les vociférations recommencèrent avec plus d'acharnement ; l'attaque était imminente ; pourtant, le préfet n'était ici pour rien, aucun prétexte ne favorisait l'émeute, l'autorité municipale et la garde nationale, l'une et l'autre gardienne des lois, devaient faire bonne contenance, elles auraient bien mérité de la patrie ; mais, non ! M. Arzac recula, il compromit par sa faiblesse la force morale des citoyens armés, il donna un démenti à son arrêté du 9, dans lequel il disait que *les auteurs des troubles seraient immédiatement livrés à la justice des tribunaux* (*) ; il ne trouva rien de mieux pour calmer l'effervescence des émeutiers que de leur promettre l'élargissement des prisonniers qu'ils réclamaient, et de fournir lui-même caution pour conserver une popularité si impuissante pour le bien et si funeste pour l'ordre public de la cité.

Les batailles gagnées par les perturbateurs dans cette journée fatale ne devaient pourtant pas s'arrêter encore là. Vainqueurs du général Saint-Michel dans la rue Riguepels, où les barricades s'élevaient quelques heures avant sans opposition ; vainqueurs de M. Arzac et de la garde nationale, à la prison du

(*) V. pièces justificatives n° 5.

Sénéchal, où ils venaient d'obtenir la relaxation de leurs camarades prisonniers, les émeutiers se transportèrent à onze heures chez M. Plougoulm, en cassant sur leur passage le peu de reverbères qui étaient encore intacts.

Arrivée sur la place Lafayette, l'émeute trouva les avenues de l'Allée Lafayette, où demeurait M. Plougoulm, gardées par deux escadrons d'artillerie et un fort piquet de tirailleurs de Vincennes. Les troupes furent aussitôt attaquées aux mille cris de *à bas Mahul! à bas Plougoulm!* — Les soldats restèrent impassibles sous la grêle de cailloux qui leur arrivaient de toutes parts; cette tranquillité encouragea les assaillans qui s'approchèrent à demi-portée de pistolet; mais l'officier supérieur qui commandait, voyant que la position n'était plus tenable, fit faire les sommations légales par un commissaire de police, et, bientôt après, exécuter une charge sur la place. A peine les escadrons avaient-ils reçu l'ordre d'agir contre l'émeute, que M. Arzac, suivi par une patrouille de gardes nationaux et éclairés par des fanaux portés par des sergens-de-ville, déboucha sur la place Lafayette, intervint entre la troupe et la populace et arrêta par sa présence l'effusion de sang qui allait malheureusement avoir lieu.

Les cris *à bas Mahul! à bas Plougoulm!* furent

de nouveau proférés avec la plus grande violence. M. le maire pria instamment le rassemblement de se disperser et lui promit qu'il serait fait droit à sa demande.

Après ces paroles plusieurs fois répétées, les groupes se dispersèrent en chantant la *Marseillaise*, et, le reste de la nuit, la ville fut plongée dans les ténèbres et dans la stupeur la plus profonde.

Pendant toute cette journée, les affaires furent suspendues, les magasins fermés, les soldats insultés et hués dans les rues ; la population dans le plus vif émoi, l'autorité nulle part ; enfin, le désordre moral ne le cédait en rien au désordre matériel ; Toulouse ne faisait plus partie d'un pays civilisé, et encore moins d'un pays libre.

Le mouvement, l'exaltation, l'effervescence qui régnaient dans la population, le 13 au matin, faisaient redouter un dénouement sanglant pour la fin de la journée. L'émeute, qui peut-être aurait pu être facilement comprimée dans les premiers jours par une vigoureuse démonstration de l'autorité militaire et de la garde nationale, ne pouvait plus être vaincue ce jour-là, retranchée qu'elle était derrière de formidables barricades, et ayant, parmi les citoyens armés, des amis animés contre le préfet et qui partageaient par conséquent les vœux et les désirs de ceux qui ne cessaient de répéter : *à bas Mahul ! à bas Mahul !*

Au soleil levant, afin sans doute de pouvoir opérer sans redouter d'être attaqués à l'improviste, quelques hommes armés furent briser les télégraphes de la direction de la ville : celui des Cordeliers et celui de Guilleméry. C'est à tort que l'on a fait courir le bruit que celui de Blagnac avait éprouvé le même sort ; le télégraphe de Blagnac fut démonté par les employés, qui évitèrent par là sa destruction certaine.

Dans la pénible alternative où il se trouvait placé, le préfet de la Haute-Garonne manda, sur les neuf heures du matin, le général Rambaud, commandant le département, et lui témoigna le désir de se retirer à l'arsenal ou dans une des casernes de la ville. Le général lui fit comprendre l'impossibilité de l'exécution de ces deux projets, la fausse position de l'armée accoudée avec la garde nationale, l'animosité de la population se concentrant sur lui seul, enfin l'obligation dans laquelle il allait se trouver de fuir ou de périr sous les coups des assassins. Le général finit par lui proposer de l'accompagner dans sa fuite et d'en assurer le succès.

M. Mahul, obligé de céder à une aussi dure nécessité, dut reconnaître alors la faute capitale qu'il avait commise en s'aliénant, six jours auparavant, la garde nationale de Toulouse; car, sans la suspicion qu'il lui avait témoignée, elle n'eût pas manqué de lui prêter aide et appui à l'instant de sa détresse.

Bientôt après sa sortie, M. le général Rambaud rentra chez le préfet, accompagné de M. Gasc, adjoint par interim, et de MM. Bascans et Samson, officiers de la garde nationale. M. Mahul et ces quatre messieurs montèrent dans une voiture de place à la petite porte du jardin de la Préfecture, et gagnèrent Castanet, sur la route de Villefranche, sans le moindre accident.

Il ne faut pas se le dissimuler, la fuite de M. Mahul devant l'émeute a porté au pouvoir moral du gouvernement une sérieuse atteinte. Dieu veuille que la longue expérience et la haute sagesse de M. Duval parviennent à l'effacer !

Aussitôt après le départ de M. Mahul, M. le procureur-général Plougoulm et M. le lieutenant-général Saint-Michel adressèrent à l'autorité municipale une proclamation consacrant la victoire de la population et la défaite de l'autorité; elle engageait les citoyens égarés à cesser le trouble et le tumulte qui affligeaient depuis trop long-temps la cité. (*)

(*) Voyez pièces justificatives n° 6.

La mairie, de son côté, faisait placarder en même-temps une autre proclamation dont les termes plus explicites devaient satisfaire les promoteurs du désordre, sinon les encourager dans la continuation de leur œuvre de destruction et d'iniquités ; elle leur répétait que la *municipalité continuait à veiller à la défense de leurs droits et de leurs intérêts.* (*)

Les droits et les intérêts de l'émeute !

Les troupes étant consignées dans leurs casernes et la garde nationale occupant seule les principaux postes de sûreté de la ville, les perturbateurs prirent alors possession de la rue et s'y promenèrent en triomphateurs. On vit des bandes de gens sans aveu armés de bâtons, de sabres, de broches et d'énormes gourdins, briser sur l'allée Lafayette et aux éclairs du plus brillant soleil, le peu de reverbères qui avaient échappé aux destructeurs des jours précédens. Le piquet de gardes nationaux qui protégeait la demeure de M. le procureur-général Plougoulm assista, l'arme au bras, à ces scènes scandaleuses et ne fit aucun mouvement pour les éviter ou pour les réprimer.

Une bande de malfaiteurs alla faire à l'école Vété-

(*) Voyez pièces justificatives n° 7.

rinaire un appel aux élèves. Nous sommes heureux de pouvoir dire que ce bel établissement est dirigé par des professeurs trop fermes dans leurs devoirs, et que la discipline y est trop bien observée, pour que la proposition de se joindre aux auteurs du désordre pût trouver un seul élève en sa faveur.

Les portes de l'école furent fermées à l'approche du rassemblement ; et, malgré les cris et les provocations du dehors, la tranquillité la plus parfaite ne cessa pas d'y régner.

M. Plougoulm rentra chez lui après le départ de M. Mahul et s'apprêtait à se rendre au parquet de la cour royale, quand un rassemblement d'hommes armés, ayant pour la plupart des figures sinistres et les manches retroussées, assaillit sa maison à coups de pierres, et poussa contre lui des cris de vengeance et de mort.

Les officiers du poste de garde nationale, qui avait pour mission de protéger la demeure de M. le procureur-général, redoutant de ne pouvoir tenir tête à l'attroupement insurrectionnel qui grossissait de plus en plus et dont les vociférations prenaient à chaque instant un plus grand caractère de violence, supplièrent M. Plougoulm de se retirer, et lui facilitèrent les moyens de franchir un mur de jardin qui lui fit trouver hospitalité et secours dans une des maisons voisines de la sienne.

Il ne nous appartient peut-être pas de blâmer la détermination prise par M. Plougoulm de fuir devant l'émeute; mais, en apprenant cette démarche de la part d'un magistrat renommé par sa fermeté et son courage, nous ne pûmes nous empêcher de penser au noble exemple que Mathieu Molé avait donné, en triomphant par sa présence d'une bande d'assassins qui, elle aussi, poursuivait ce grand magistrat par des cris de vengeance et de mort.

Sachant le procureur-général à l'abri de toute atteinte, les officiers de la garde nationale assurèrent aux hommes qui paraissaient être les chefs du rassemblement, que M. Plougoulm n'était pas chez lui ; et, afin de leur prouver la vérité de leur parole, et aussi, afin de protéger les autres locataires de la maison dont déjà beaucoup de vitres avaient été brisées, ils proposèrent à l'émeute de nommer des délégués pour visiter l'appartement de M. Plougoulm et s'assurer de son départ.

Dans l'état d'anarchie où se trouvait la ville de Toulouse depuis que M. Arzac siégeait sur le fauteuil du maire, cette grandiose monstruosité de voir la garde nationale pactiser et traiter avec des assassins afin de leur laisser fouiller le domicile d'un magistrat, ne surprendra pas, après réflexion, autant qu'elle peut le faire de prime abord. Depuis quarante-huit heures, l'autorité se trouvait tout entière au milieu de l'émeute; celle-ci commandait, c'était aux autres à obéir.

Les délégués du rassemblement, suivis de gardes nationaux, parcoururent les diverses pièces de l'appartement occupé par M. Plougoulm; l'un de ces hommes, armé d'un sabre rouillé et portant les manches retroussées au-dessus du coude, se mit à une des fenêtres et répondit aux interpellations qui lui étaient adressées de la rue, en brandissant l'arme qu'il tenait à la main: *n'y es pas, lé brigand; n'y es pas* (*). Après cette visite domiciliaire, l'attroupement se rendit à la Préfecture afin de s'assurer, par une expédition semblable à celle qu'il venait de faire, du départ de M. Mahul; mais le poste s'y opposa et aucune suite ne fut donnée à cette prétention.

M. Plougoulm, après avoir franchi le mur du jardin de sa maison, se réfugia chez M. Tiste, artiste dramatique attaché à la troupe de Toulouse, et trouva chez cet honorable citoyen, dont le caractère généreux égale le talent, asile et protection jusqu'à la nuit.

(*) Il n'y est pas, le brigand; il n'y est pas.

Vers les neuf heures, après avoir échangé son habit contre un uniforme d'officier de la garde nationale, M. Plougoulm partit pour Moissac et ne rentra à Toulouse, quelques jours après, que pour se rendre à Paris où l'appela, par le télégraphe, le ministre de la justice.

Au lieu d'aller à Moissac, M. Plougoulm n'avait-il rien de mieux à faire ; n'aurait-il pas pu, par exemple, aller se constituer en permanence à son parquet ? Là, du moins, il aurait bravé sans crainte les fureurs et les violences de l'émeute, et serait resté à son poste. Mais un ministre du Roi l'a dit : « Dans ces jours d'anarchie, tout le monde avait perdu la tête à Toulouse ! »

Le mardi, 13 juillet 1841, à six heures du soir, tout était consommé. Le représentant du gouvernement était parti ; le chef du parquet de la cour royale était parti ; les troupes étaient consignées dans leurs casernes ; les télégraphes étaient brisés ; le maire par interim réunissait dans sa main et sans contrôle l'autorité civile et militaire ; les prisonniers avaient été relaxés devant les réclamations de la populace ; l'émeute était souveraine, tout avait fui ou cédé devant elle ; le cours de la justice était interrompu, car la cour royale et les tribunaux n'avaient pas siégé de la journée; enfin, l'anarchie régnait dans la cité, et tout cela était l'œuvre de dix jours de trouble, de tumulte, de désorganisation et d'opposition poussée sans réflexion à son point le plus extrême. M. Perpessac se doutait bien peu, le 5 juillet, lorsqu'il déposait son écharpe sur le bureau du conseil municipal, qu'il accumulait sur la tête de ses administrés les maux et les malheurs qui y sont si promptement survenus!

Tout n'était pourtant pas fini en fait d'illégalités avec la soirée de mardi 13; le lendemain, l'enterrement de Chavardez, la victime de la journée du 12, eut lieu à huit heures du matin. Afin de ne pas sortir de la voie où l'on était entré, il fut porté en terre la face découverte, violant par là un arrêté du maire qui défend ces sortes d'inhumations (*). Le cadavre fut promené dans les principales rues de la ville, et les partis ne manquèrent pas de représenter Chavardez, dont la moralité fut toujours fort équivoque, comme une victime de la brutalité et de la sauvagerie de l'armée.

Le 16, M. Bocher, préfet du Gers, arriva à Toulouse et publia aussitôt après une fort longue et fort

(*) V. pièces justificatives n° 8.

peu concluante proclamation sur les troubles qui venaient d'avoir lieu. Petit à petit, l'ordre matériel se rétablit et la réflexion fit repentir beaucoup de gens de l'irritation à laquelle ils avaient si facilement succombé.

Quelques petites échauffourées de désordre eurent lieu pendant les trois ou quatre premiers jours qui suivirent le départ de M. Mahul ; les factionnaires des casernes de la Monnaie et Saint-Charles, occupées par les tirailleurs, furent plusieurs fois attaqués à coups de pierres par la populace du quartier ; mais partout, zélée et infatigable, la garde nationale calmait par sa présence la colère et l'effervescence qui tourmentaient une partie de la population. La ville de Toulouse, sans le dévouement de la garde civique dans certaines circonstances, aurait certainement aujourd'hui des malheurs et des pertes irréparables à déplorer.

Le 18, M. Maurice-Duval, muni de pouvoirs extraordinaires, a pris les rênes de l'administration ; quelques jours après, M. Romiguières, élevé depuis peu à la pairie, est aussi arrivé à Toulouse ; la haute influence dont il jouit à si juste droit parmi ses concitoyens, dont il est une des plus nobles illustrations, a dû être utile aux bonnes intentions du préfet dans les choix auxquels il s'est arrêté. Tout semblait donc faire présumer que rien de nouveau ne serait ajouté au grand drame qui avait affligé nos rues pendant huit longs jours ; mais la mairie provisoire n'a pas voulu qu'il en soit ainsi.

L'anniversaire des journées de juillet arriva, et M. Arzac, au lieu de saisir l'occasion qui lui était offerte de prouver la sincérité des deux dernières lignes de son rapport au ministre de l'intérieur, du 13 juillet, dans lesquelles il disait : « *Dans ces circonstances,* » *le Roi ni son gouvernement n'ont été l'objet d'au-* » *cun cri séditieux* » préféra, nous ne pouvons dire pour quelles raisons, affecter dans la proclamation qu'il publia à ce sujet, l'oubli le plus complet et le plus absolu du pouvoir central et de son chef (*).

Le 30 juillet, le conseil municipal et la garde nationale de Toulouse furent dissous ; une mairie provisoire fut nommée par M. Duval ; mais, prétextant d'une illégalité dans l'ordonnance de dissolution du conseil municipal, la mairie du 6 juillet refusa d'obtempérer aux ordres de M. le commissaire extraordinaire, et ne voulut pas d'abord reconnaître les membres de la nouvelle municipalité ; une scène scan-

(*) V. pièces justificatives n° 9.

daleuse eut lieu à ce sujet dans les salles du Capitole; enfin, après avoir protesté, MM. Arzac, Gasc et Roaldès ne cédèrent leurs écharpes que comme contraints, et au moment où le commissaire central de police, assisté de cinq de ses collègues, venait leur intimer l'ordre de cesser leurs fonctions, ou les arrêter comme usurpateurs de fonctions publiques.

MM. le général Lejeune et ses adjoints furent installés et prirent immédiatement possession des fonctions municipales de la ville de Toulouse.

Depuis lors, la tranquillité n'a pas cessé de régner, et tout fait espérer que rien ne la troublera de longtemps. Nous avons, autant que possible, évité de nous occuper du recensement, question que les conseils-généraux viennent de résoudre en faveur de M. Humann; question qui n'a été qu'accessoire et dont personne ne s'occupait au milieu des troubles; mais nous ne pouvons finir ce récit sans déplorer la facilité avec laquelle une savante et populeuse cité s'est laissé gagner par l'esprit de parti au point de méconnaître toutes les lois et d'attirer sur ses habitans des calamités et des maux incalculables. Nous devons protester aussi contre les prétentions de quelques esprits qui n'ont pas redouté, dans nos momens de tumulte populaire, de témoigner le désir de voir briser l'unité française par la séparation de Toulouse et des provinces environnantes du pouvoir central. Voilà quels sont les mauvais patriotes dont le pays doit se méfier ; et quelles seraient, grand Dieu ! nos ressources contre les agressions de l'étranger, si, au premier sujet de mécontentement, les provinces proclamaient leur séparation du pouvoir ? C'est l'unité française qui a triomphé, dans les champs de Fleurus, en 1792, et cette unité, qui n'a pu périr à Waterloo, en 1815, assure à notre belle patrie une prépondérance immense dans la balance des intérêts du monde. Réunissons-nous donc pour en assurer de plus en plus la durée ; repoussons loin de nous ces idées de séparation qui ne peuvent que nous affaiblir, car de l'unité des forces du pays dépendent la gloire de nos armes et le maintien de la France au premier rang des puissances de l'Europe !

La question du recensement ne fut donc que le prétexte qui souleva la population de Toulouse contre M. Mahul ; les relations de ce fonctionnaire avec le conseil municipal, qui ne furent de sa part ni franches, ni convenables, montèrent les têtes contre son administration ; son énergie mal entendue contre les petites choses ; ses tâtonnemens quand il aurait du tenir bon et ne pas céder, encouragèrent l'opposition contre son pouvoir ; la raideur qu'il mit dans le refus fait à la garde nationale d'accompagner les restes du général Cassagne, lui aliéna une grande partie des citoyens ; la faiblesse avec laquelle l'autorité militaire réprima les premières tentatives de troubles, enhardit les émeutiers ; les proclamations du maire qui parlaient toujours des *droits et des intérêts* du peuple, devaient engager les perturbateurs à poursuivre l'accomplissement de leur œuvre ; la crainte de perdre une popularité de quarante ans, rendit la mairie faible et indécise devant l'émeute, elle ne sut rien prévenir, rien empêcher ; enfin, la fièvre de désorganisation que les partis semaient dans tous les esprits et qu'ils exaltaient de tout leur pouvoir, fit rêver à quelques-uns la possibilité de briser le lien qui unit Toulouse au pouvoir central ; l'impopularité de M. Mahul et la crainte qu'inspirait la fermeté de M. Plougoulm firent le reste. Voilà les causes qui amenèrent l'insurrection toulousaine et qui tinrent pendant huit jours le chef-lieu du département de la Haute-Garonne dans l'intimidation la plus complète. Voilà les causes qui firent remplacer l'ordre, la tranquillité et la prospérité d'une grande ville, par l'anarchie matérielle et l'anarchie morale dont les suites sont toujours et à jamais funestes.

C'est à l'autorité supérieure et au bon sens des habitans que nous devons de voir la ville, après une crise aussi fatale, retrouver la stabilité si nécessaire à son commerce, et le règne des lois indispensable à sa prospérité. Dieu veuille que de pareilles scènes ne se renouvellent plus, et que le patriotisme éclairé des hommes influens de la cité fasse comprendre au peuple que toute démonstration en dehors des lois est coupable et criminelle, et qu'il n'y a pas de société possible si l'autorité n'est pas respectée dans les magistrats dépositaires de sa force et de sa puissance!

Par arrêt du 17 juillet, la cour royale de Toulouse a évoqué l'affaire des troubles, beaucoup d'arrestations ont eu lieu; mais personne ne peut prévoir encore quels en seront les résultats. Ici finit donc notre tâche, celle de la justice a déjà commencé.

PIÈCES JUSTIFICATIVES.

N° 1.

MM. Arnoux, Marlegoutte et Capelle regrettent que M. le maire ait donné sa démission ; il doit être prié de la retirer.

(Conseil municipal, séance du 5 juillet.)

—

N° 2.

Pendant que M. Perpessac donnait au conseil quelques explications sur sa récente démission, il reçoit une lettre de M. Mahul, datée de neuf heures du soir, dans laquelle le préfet lui signifie qu'il le rend entièrement responsable de la tranquillité publique. M. le maire et ses adjoints, avec l'assentiment unanime du conseil, prennent la résolution de quitter leurs fonctions demain matin.

(Conseil municipal, séance du 5.)

N° 3.

MAIRIE DE TOULOUSE,

CONCITOYENS,

L'administration municipale que dirigeait M. Perpessac s'est définitivement démise de ses fonctions; elle s'est retirée, emportant le regret de la cité, l'estime et l'approbation du conseil municipal.

Investis provisoirement des fonctions administratives, en vertu des dispositions de l'art. 5 de la loi du 21 mars 1831, nous avons dû accepter cette charge que la loi et la confiance des électeurs nous ont imposée. Pendant notre courte administration, *nous* DÉFENDRONS *les droits de nos concitoyens et leurs intérêts*, les droits et les prérogatives du corps municipal : ce dépôt précieux ne sera pas en péril dans nos mains.

Concitoyens ! une administration, quelle que soit sa durée, doit placer sa force dans le respect des lois et le maintien de l'ordre. C'est un devoir pour nous de vous faire connaître notre ferme résolution d'assurer la tranquillité publique, afin de prévenir le retour de ces scènes affligeantes qui troublent le repos des particuliers, et finissent toujours par attenter aux personnes et à la propriété communale. Ces désordres, la loi les condamne et les réprime; elle ne peut demeurer impuissante. Vos magistrats vous doivent des exhortations paternelles et des conseils salutaires, vous les entendrez. Nous serons secondés par le bon esprit des habitans de cette grande cité; ils comprendront tous que la véritable liberté repousse la licence. Leur concours nous rendra facile la mission temporaire que nous n'avons acceptée que par amour pour vous *et par dévouement à vos plus précieux intérêts.*

Fait au Capitole, le 7 juillet 1841.

Le conseiller municipal, maire par interim,

(Signé) ARZAC.

—

N° 4.

Le 7, à trois heures du soir, M. le préfet, ayant lu dans la *France Méridionale* un avis de convocation des gardes nationaux, avec l'indication des motifs de leur réunion, écrivit une lettre dans laquelle il *interdit formellement* toute convocation, qu'il mettait sous la responsabilité de ceux qui l'auraient faite indûment, avec invitation de prendre sur-le-champ les mesures nécessaires pour avertir les citoyens qui *avaient été trompés.*

(Extrait du rapport de la municipalité provisoire, du 13 juillet, à M. le ministre de l'intérieur.)

—

No 5.

MAIRIE DE TOULOUSE.

Concitoyens !

Les conseils de vos magistrats n'ont pas été entendus, les rassemblemens tumultueux et nocturnes continuent. A chaque instant, et par une sauvagerie inconcevable, la propriété communale est attaquée. Le repos des citoyens, leur sûreté, leur fortune même, peuvent être compromis. Ces excès doivent avoir un terme.

Le maire, à qui d'abord la loi confie la sûreté de la cité, convaincu qu'involontairement des citoyens paisibles prêtent appui aux malveillans en se transportant sur les lieux du tumulte, par esprit de curiosité, regarde comme un devoir de les prévenir que cette imprudence de leur part ne tend qu'à les compromettre, et les exhorte à éviter avec le plus grand soin de se mêler aux rassemblemens. Il invite les pères de famille à veiller sur leurs enfans, dont la loi les rend responsables pour les dommages qu'ils peuvent occasioner; pour le même motif les maîtres doivent veiller sur leurs serviteurs.

Si les bons citoyens s'abstiennent de paraître dans les réunions, les *malveillans* seront facilement saisis; les scènes affligeantes qui désolent notre cité cesseront; et chaque homme de bien pourra se rendre le témoignage d'avoir contribué au rétablissement de la paix publique.

« Le maire croit inutile de rappeler que les infractions » à la loi seront énergiquement réprimées, et que *leurs*

» *auteurs seront immédiatement livrés à la justice des » tribunaux.* »

Fait au Capitole, le 9 juillet 1841.

Le conseiller municipal, maire par interim,
(Signé) ARZAC.

N° 6.

DÉPART DE M. MAHUL.

Toute cause de désordre doit cesser : le préfet quitte à l'instant Toulouse.

Le 13 juillet 1841, dix heures du matin.

Le lieutenant-général,
(Signé) DE SAINT-MICHEL.
Le procureur-général,
(Signé) PLOUGOULM.

N° 7.

MAIRIE DE TOULOUSE.

LE MAIRE A SES CONCITOYENS.

M. Mahul est parti.

M. Frizac remplit les fonctions de préfet par interim.

Que l'ordre règne ; que le calme renaisse dans les esprits.

Vos magistrats continueront de veiller avec un entier dévouement à la défense de vos droits et de vos intérêts.

Toulouse, le 13 juillet 1841, onze heures du matin.

Le conseiller municipal, maire par interim,
(Signé) ARZAC.

N° 8.

Art. 19. Aucun cadavre ne pourra être transporté la face découverte, sauf le cas d'une autorisation spéciale délivrée par l'autorité municipale.

(Arrêté sur la police des cimetières.)

—

N° 9.

MAIRIE DE TOULOUSE.

Anniversaires des **14** *juillet* **1789**, *et* **27**, **28** *et* **29** *juillet* **1830**.

Mes chers Concitoyens,

La France va célébrer les anniversaires des 14 juillet 1789 et des journées de juillet 1830.

Vos magistrats municipaux auraient été heureux et fiers de se trouver, dans cette solennité, entourés des gardes nationaux qui, par leur généreux dévouement, viennent d'acquérir de nouveaux droits à la reconnaissance de la cité. Ce bonheur ne leur était pas réservé!

Dans ces circonstances, vos magistrats ont pensé que le plus bel hommage à rendre aux braves qui ont combattu et qui sont morts pour la liberté, est de venir au secours des familles malheureuses, en consacrant exclusivement à une distribution de pain les fonds alloués au budget pour ce grand anniversaire.

A ces causes, le maire arrête :

1° La totalité des sommes allouées au budget pour

l'anniversaire des journées de juillet sera exclusivement consacrée à une distribution de pain aux indigens ;

2° Cette distribution aura lieu à deux époques, le 28 juillet et le dimanche 8 août.

Néanmoins, le 27 juillet, au coucher du soleil, les cloches de toutes les paroisses de la ville et celles du Capitole sonneront des glas.

Des drapeaux voilés seront placés sur les monumens publics.

Le 28, au lever du soleil, les cloches sonneront des glas comme la veille.

A onze heures, le corps municipal se rendra à l'église métropolitaine pour assister au service funèbre qui doit y être célébré en mémoire des citoyens morts en 1830 pour la défense des lois et de la liberté.

A quatre heures, les signes de deuil seront enlevés.

Le 29, au lever et au coucher du soleil, les cloches des paroisses et celles du Capitole sonneront en signe de réjouissance.

Fait au Capitole, à Toulouse, le 25 juillet 1841.

Le conseiller municipal, maire par interim,

(Signé) ARZAC.

TOULOUSE, IMPRIMERIE D'AUG. HENAULT.

www.ingramcontent.com/pod-product-compliance
Lightning Source LLC
LaVergne TN
LVHW021714230826
846091LV00006BA/2179

9782011768179